essentials

Essentials liefern aktuelles Wissen in konzentrierter Form. Die Essenz dessen, worauf es als „State-of-the-Art" in der gegenwärtigen Fachdiskussion oder in der Praxis ankommt. Essentials informieren schnell, unkompliziert und verständlich

- als Einführung in ein aktuelles Thema aus Ihrem Fachgebiet
- als Einstieg in ein für Sie noch unbekanntes Themenfeld
- als Einblick, um zum Thema mitreden zu können.

Die Bücher in elektronischer und gedruckter Form bringen das Expertenwissen von Springer-Fachautoren kompakt zur Darstellung. Sie sind besonders für die Nutzung als eBook auf Tablet-PCs, eBook-Readern und Smartphones geeignet.

Essentials: Wissensbausteine aus Wirtschaft und Gesellschaft, Medizin, Psychologie und Gesundheitsberufen, Technik und Naturwissenschaften. Von renommierten Autoren der Verlagsmarken Springer Gabler, Springer VS, Springer Medizin, Springer Spektrum, Springer Vieweg und Springer Psychologie.

Markus Ramming

Risiken von Unternehmensanleihen und ihre Quantifizierung

Antworten auf Fragestellungen aus der Beratungspraxis bei Kreditinstituten

Markus Ramming
Zossen
Deutschland

ISSN 2197-6708 ISSN 2197-6716 (electronic)
essentials
ISBN 978-3-658-08016-7 ISBN 978-3-658-08017-4 (eBook)
DOI 10.1007/978-3-658-08017-4

Die Deutsche Nationalbibliothek verzeichnet diese Publikation in der Deutschen Nationalbibliografie; detaillierte bibliografische Daten sind im Internet über http://dnb.d-nb.de abrufbar.

Springer Gabler

Gedruckt auf säurefreiem und chlorfrei gebleichtem Papier

Springer Fachmedien Wiesbaden ist Teil der Fachverlagsgruppe Springer Science+Business Media
(www.springer.com)

Was Sie in diesem Essential finden können

- Eine Übersicht über die Risiken, die sich aus einer Positionierung in Unternehmensanleihen ergeben.
- Eine Diskussion unterschiedlicher Methoden, wie sich diese Risiken quantifizieren lassen und darauf aufbauende „best practice"-Hinweise
- Einen Bezug auf die für Kreditinstitute relevanten Mindestanforderungen an das Risikomanagement (vgl. BaFin 2012)
- Rechenbeispiele

Inhaltsverzeichnis

1 Einleitung: Warum? 1

2 Kreditrisiko 3
2.1 Default Mode-Modelle 3
2.2 Migration Mode-Modelle 5

3 Credit Spread-Risiken 11
3.1 Notwendigkeit zur Berücksichtigung von Credit Spread-Risiken 11
3.2 Korrelationen und Diversifikationseffekte 13
3.3 Quantifizieren von Credit Spread-Risiken 16
3.4 Gemeinsame Betrachtung von Zinsänderungs- und Credit Spread-Risiken 20

4 Die „Anderen“ 23
4.1 Liquiditätsrisiken 23
4.2 Länderrisiken 24

5 Fazit 25

Was Sie aus diesem Essential mitnehmen können 27

Literaturverzeichnis / „Zum Weiterlesen“ 29

Einleitung: Warum? 1

Gutes Risikomanagement ist alles: Überlebensnotwendigkeit, Wettbewerbsvorteil und Pflicht! Risikomanagement schafft einerseits die Sicherheit dafür, dass eine Unternehmung ausreichend Risiko nehmen kann und damit in der Lage ist, notwendige Erträge zu generieren. Und soll andererseits natürlich sicherstellen, dass nicht dieses eine Mal zu viel Risiko genommen wird und alles ein abruptes Ende nimmt …

Gegenstand dieses Essentials sind Unternehmensanleihen bzw. die Fragestellung, was bei einem Investment in Unternehmensanleihen alles schief gehen kann. Dabei trifft das hier zu sagende natürlich nicht nur auf Unternehmensanleihen und keinesfalls allein auf eben diese in einer engen Abgrenzung, d. h. ohne Finanzwerte (Anleihen von Kreditinstituten oder Versicherungen) zu. Stattdessen geht es hier letztendlich um die Risiken von „Spreadprodukten", d. h. Anleihen, die eine bonitätsbedingte Risikoprämie (Credit Spread) über einer als risikofrei erachteten Zinskurve haben. Risikofrei bezieht sich in diesem Zusammenhang natürlich allein auf die Bonität, nicht auf Durationsrisiken. Als solche risikofreie Zinskurve oder Benchmark werden dabei je nach Währung beispielsweise Bundesanleihen oder Treasuries oder aber Swaps herangezogen. Die Mehrrendite über der risikofreien Zinskurve bzw. Benchmark wird in Folge dessen oft auch als Benchmark-Spread bezeichnet.

Die Gliederung dieses Essentials orientiert sich an den relevanten Risikoarten: Im folgenden Kap. 2 geht es zunächst um Kreditrisiken, streng genommen um Migrationsrisiken. Gegenstand von Kap. 3 sind dann Marktpreisrisiken, insbesondere Credit Spread-Risiken. In Kap. 4 wird kurz auf einige andere, hier nicht umfänglicher betrachtete Risikoarten eingegangen, bevor in Kap. 5 ein abschließendes Fazit gezogen wird.

M. Ramming, *Risiken von Unternehmensanleihen und ihre Quantifizierung*, essentials, DOI 10.1007/978-3-658-08017-4_1

Kreditrisiko 2

2.1 Default Mode-Modelle

> **Adressenausfallrisiko** ist das Risiko, dass eine natürliche oder juristische Person oder eine Personenhandelsgesellschaft, gegenüber der das Institut einen bedingten oder unbedingten Anspruch hat, nicht oder nicht fristgerecht leistet oder das Institut gegenüber einer Person oder Personenhandelsgesellschaft aufgrund der Nichtleistung eines Dritten zu leisten verpflichtet ist, sowie das finanzielle Risiko des Instituts in Bezug auf Beteiligungen. (§ 4 Abs. 2 SolvV-alt)

Wenn man Kreditrisiko als das Risiko ansieht, dass es aufgrund eines Zahlungsausfalls eines Schuldners zu einem Verlust kommt (vgl. Hull 2012, S. 988), kann man die Begriffe Adressenausfallrisiko und Kreditrisiko synonym benutzen. Eine andere, genauso vertretbare Betrachtungsweise ist natürlich, als Kreditrisiken alle Risiken aus der Vergabe eines Kredits (ob nicht verbrieft oder verbrieft, d. h. in Form eines Wertpapiers) anzusehen, Kreditrisiko wäre dann ein übergeordneter Begriff.[1] Im Folgenden seien Kreditrisiken als Adressausfallrisiken gesehen.

Hinsichtlich Modellen zum Quantifizieren von Kreditrisiken besteht die Möglichkeit, zwischen Default Mode- und Migration Mode-Modellen zu unterscheiden.

---

[1] Vgl. z. B. BaFin 2009, Abschn. 5: „Das Kreditrisiko bezeichnet das Risiko, das sich aufgrund eines Ausfalls oder aufgrund einer Veränderung der Bonität oder der Bewertung von Bonität (Credit-Spread) von Wertpapieremittenten, Gegenparteien und anderen Schuldnern ergibt, gegenüber denen das Unternehmen Forderungen hat."

M. Ramming, *Risiken von Unternehmensanleihen und ihre Quantifizierung*,
essentials, DOI 10.1007/978-3-658-08017-4_2

Default Mode-Modelle betrachten allein die Ausfallmöglichkeit, ein Kredit oder Wertpapier kann also entweder ausfallen oder eben nicht; eine Bonitätsverschlechterung auf dem Weg dahin wird nicht berücksichtigt. Durchaus angemessen sein kann diese Perspektive bei Vermögenswerten, die bis zu deren Endfälligkeit gehalten werden sollten, deren jeweils aktueller Marktwert also nicht wirklich eine Rolle spielt.

Als „erwarteter Verlust" wird dann das Produkt aus Netto-Exposure, Ausfallwahrscheinlichkeit und dem Verlust bei Ausfall angenommen.

Als „Industriestandard" gilt es dann, die Standardabweichung der Verluste als „unerwarteten Verlust" zu bezeichnen (vgl. z. B. Ramaswamy 2012). Genauer gesagt modelliert man einen Verlust in einem Risikoszenario und die Differenz zwischen diesem Risikowert und dem „erwarteten Verlust" ist dann besagter „unerwarteter Verlust". Implizit definiert ist Risiko damit als (negative) Abweichung von einem Erwartungswert, was auch die durchaus übliche Definition ist.

„Nebenbei": Risikoquantifizierung über einen „Ratingshift" In der Praxis wird der unerwartete Verlust hin und wieder auch abgeschätzt, indem man den erwarteten Verlust simuliert, würden sich die Ratings des gesamten Portfolios um zwei oder drei „Notches"[2] verschlechtern. Die Differenz zwischen dem erwarteten Verlust nach einem solchen Ratingshift und dem originären, mit tatsächlichen Ratings ermittelten, erwarteten Verlust, nimmt man dann als unerwarteten Verlust.

Die Tatsache, dass einige sehr erfahrene Praktiker dieses Verfahren nutzen, spricht zunächst einmal natürlich für diese Vorgehensweise. Aus der Sicht des Autors gibt es aber einige schwerwiegenden Schwächen („Modellfehler") zu berücksichtigen:

- Beispielsweise vernachlässigt diese Vorgehensweise die „Natur" der Ausfallwahrscheinlichkeiten als Mittelwert einer Datenreihe, die aus vielen Werten nahe oder gleich Null und einigen vergleichsweise hohen Werten besteht; Risikowerte sollten sich deshalb aus einem Streuungsmaß oder besser, einem Quantilswert ergeben.
- Auch sind die Ratings der großen Ratingagenturen auf Stabilität über einen Konjunkturzyklus abgestellt („through the cycle").
- Und schlussendlich ergeben sich über diese Methode in der Regel vergleichsweise geringe Risikowerte.

[2] Als „notch" (engl. für Grad, Stufe) gilt die kleinstmögliche Ratingverschiebung, beispielsweise von A- auf BBB+ oder von BBB+ auf BBB.

Was bei Nutzung eben dieser Vorgehensweise auch außen vor bleibt, ist die Berücksichtigung von Konzentrationen innerhalb eines Portfolios. So wirft dieses Modell unabhängig von der Granularität des Portfolios den gleichen Risikowert aus. Für Kreditinstitute verlangen jedoch die Mindestanforderungen an das Risikomanagement (BaFin 2012, z. B. AT 4.1 Tz. 1), ganz explizit die Berücksichtigung von Risikokonzentrationen. Bei der Implementierung oben genannter Default Mode-Modelle oder der in 2.2 behandelten Migration Mode-Modelle über eine Monte Carlo-Simulation ließe sich dagegen genau dieser Anforderung Rechnung tragen.

2.2 Migration Mode-Modelle

Zurück zu der grundsätzlichen Überlegung, was nach dem Kauf einer Unternehmensanleihe alles schief gehen kann. Dazu seien Default Mode-Modelle oder Praktikerverfahren wie der „Ratingshift" (ohne beides auf die gleiche Stufe stellen zu wollen!) außen vor gelassen und die Überlegungen von neuem begonnen. Denn im Fokus steht in der Regel nicht allein die Frage Ausfall oder Nicht-Ausfall, sondern auch Bewertungsrisiko (Marktwertrisiko) – insbesondere dann, wenn entsprechende Assets bilanziell nicht nach dem gemilderten Niederstwertprinzip behandelt werden.

Zuallererst kann sich bei einem Investment in Unternehmensanleihen natürlich die Bonität des Unternehmens, dessen Anleihe gekauft wurde, verändern. Dabei kann so eine Bonitätsveränderung im Extremfall so weit gehen, dass das Unternehmen seinen Verbindlichkeiten nicht mehr nachkommen kann. Bezeichnet wird dieses Risiko entsprechend auch als „Bonitätsrisiko" bzw. „Migrationsrisiko". Migrare (lat.) heißt wandern: Die Bonitätseinstufung wandert, im Extremfall hin zu einer Klassifizierung, die den „Ausfall" (engl.: default) beschreibt, weswegen das Ausfallrisiko als Extremfall des Migrationsrisikos (in einem Migration Mode-Modell) verstanden wird. Entsprechend ist ein Default Mode-Modell auch nur ein Spezialfall eines Migration Mode-Modells.

Wie groß ist dieses Risiko jetzt – anders ausgedrückt: wie lässt sich dieses quantifizieren?

In der Praxis macht man sich diesbezüglich in der Regel die umfassenden und hervorragend aufbereiteten Informationen spezialisierter Dienstleister wie beispielsweise Ratingagenturen zunutze.

Migrationsmatrizen So liefern solche Dienstleister basierend auf ihren Datensammlungen Informationen darüber, wie viele Wertpapiere (oder Schuldner,…), die zu einem bestimmten Zeitpunkt einer bestimmten Bonitätseinstufung, also

Ratingstufe zugehörig waren, in z. B. einem Jahr später immer noch der gleichen Ratingstufe angehört haben und wie viele davon in eine andere Ratingstufe gewandert sind. Unterschiede gibt es dabei z. B. hinsichtlich der Herkunft, d. h. von welcher Ratingagentur bzw. welchem Anbieter eine solche Auswertung stammt, hinsichtlich der Historie, auf die sich die Statistik bezieht (z. B. Zeitraum von 1980 bis heute), hinsichtlich des Zeithorizonts (z. B. Ratingwechsel innerhalb von einem Jahr, von drei Jahren, …), manchmal auch bezüglich der Regionen, aus denen die berücksichtigten Schuldner stammen,….

Unterstellt man jetzt, dass die Vergangenheit wertvolle Informationen für die Zukunft liefert, kann man daraus eine „Migrationsmatrix" ableiten. Eine Tabelle also, aus der man Wahrscheinlichkeiten dafür ablesen kann, dass ein Wertpapier, das heute in einer bestimmten Ratingkategorie ist, ein Jahr später immer noch dieser zugehörig ist.

Beispielsweise könnte man aus einer solchen Tabelle vielleicht ablesen, dass die Wahrscheinlichkeit dafür, dass ein heute mit „A" eingestufter Bond in einem Jahr mit einer Wahrscheinlichkeit von 90 % immer noch mit „A" eingestuft ist und mit einer Wahrscheinlichkeit von 6 % auf „BBB" zurückgestuft wird, etc. (Die Werte sind fiktive aber plausible Beispielwerte). Einer der ersten Schritte beim Quantifizieren von Migrationsrisiken ist also die Selektion bzw. das Ableiten einer Migrationsmatrix.

P&L-Simulationen Berechnet man ergänzend dazu, zu welchem Gewinn oder Verlust (P&L) eine solche Entwicklung jeweils führen würde, lassen sich daraus die Antworten auf die Fragen ableiten, die bei Investmententscheidungen oder im Risikomanagement von Interesse sind:

- Welches ist die Ertragserwartung aus einem Investment in eine solche Unternehmensanleihe?
- Und vor allem: Mit welcher Wahrscheinlichkeit wird ein bestimmter Verlust auf Sicht von z. B. einem Jahr nicht überschritten („Value at Risk[3]")?

Zur Ermittlung der P&Ls sei hier beispielhaft unterstellt, es würde zum Ausgangszeitpunkt in fünfjährige Unternehmensanleihen unterschiedlicher Ratingkategorien investiert werden, deren jeweiliger Coupon genau der Rendite entspricht, die für

[3] Der Value at Risk (VaR) ist definiert als der Verlust, der bei gegebenem Konfidenzniveau über einen gegebenen Zeitraum (Haltedauer) nicht überschritten wird. Wenn nicht anders angegeben wird hier ein Konfidenzniveau von 99 % und eine Haltedauer von einem Jahr unterstellt. Nicht zuletzt deshalb, weil Kreditinstitute bei der Risikoquantifizierung im Rahmen des Internal Capital Adequacy Assessment Process (ICAAP) oft mit diesen Parametern arbeiten.

eine Anleihe der jeweiligen Ratingstufe typisch ist (beispielsweise kann man sich dabei auf die Renditewerte nach Rating differenzierter Subindizes von Corporate Bond-Indizes beziehen oder selber Durchschnittswerte aus relevanten Anlageuniversa ermitteln).

Relevant ist dann der Gesamtertrag, der sich nach einem Jahr aus einem jeden solchen Investment ergeben hat. Eine vollkommen flache Zinsstrukturkurve und unveränderte Renditeniveaus unterstellt, wäre im Normalfall der Coupon eines Jahres verdient. Die ursprüngliche Rendite wäre damit der Jahres-Gesamtertrag. Als Normalfall bezeichnet wurde dabei der Fall, dass sich die Ratings der einzelnen Anleihen nicht verändert haben. Würde sich daran etwas ändern, würde man dies dadurch berücksichtigen, dass zwar zunächst wieder unterstellt wird, den Coupon eines Jahres vereinnahmt zu haben. Darüber hinaus müssten die versprochenen Zahlungsströme für die dann noch verbleibenden vier Jahre aber mit den für die neuen Ratings maßgeblichen Sätzen abgezinst werden, woraus ein von 100 % abweichender Barwert resultiert. Diese Abweichung von 100 % ergibt zusammen mit der angeführten Couponeinnahme den Gesamtertrag.

Für den Extremfall eines „Defaults" sei ein verbleibender Wert („Recovery Rate") von 40 % des fälligen Anspruchs (Nominal zzgl. Coupon für ein Jahr) unterstellt.[4]

Ertragserwartungen und Risikowerte Aus der genutzten Migrationsmatrix ergibt sich, mit welcher Wahrscheinlichkeit eine jede Anleihe ein Jahr später in welcher Ratingkategorie ist. Weiter ergeben sich aus den oben beschriebenen Berechnungen die Gesamterträge in jedem einzelnen Migrationsszenario. Dies kombiniert ergeben sich die gesuchten Antworten: Tab. 2.1 zeigt zunächst Renditen von Anleihen der unterschiedlichen (Investment-Grade-) Ratingkategorien,

Tab. 2.1 Renditen, Ertragserwartungen und 99 % VaR-Werte von Anleihen mit unterschiedlichen Investmentgrade-Ratings. (eigene Darstellung und Berechnungen; fiktive aber plausible Beispielwerte)

1jährige Ertragserwartungen und Migrationsrisikowerte				
	Rendite (%)	Ertragserw. (%)	VaR 99 % (%)	VaR 99 %* (%)
AAA	0,6	0,5	−0,2	−0,7
AA	0,8	0,6	−0,2	−0,8
A	1,0	0,8	−0,3	−1,2
BBB	1,4	1,0	−3,0	−4,0

[4] In der Praxis bezieht man sich hinsichtlich solcher „Recovery Rates", für die 40 % eine oft genutzte Orientierungsgröße ist, die aber beispielsweise von der Seniorität oder Besicherung einer Emission abhängen, wiederum auf die Auswertungen von Ratingagenturen.

die den Berechnungen beispielhaft zugrunde gelegt wurden. Als Orientierungsgröße herangezogen wurden dabei typische Werte für in Euro denominierte Unternehmensanleihen, wie sie bei Erstellung dieses Essentials, im September 2014 vorgeherrscht haben könnten. Die Ertragserwartungen sind dann die jeweiligen Erwartungswerte für den Gesamtertrag eines Jahres, d. h. die mit den sich aus der Migrationsmatrix ergebenden Eintrittswahrscheinlichkeit gewichteten Durchschnittserträge in den einzelnen Migrationsszenarien (dabei wurden hier zur Berechnung wieder fiktive aber plausible Migrationswahrscheinlichkeiten unterstellt). Der VaR 99 % ist die Ertragserwartung im Falle einer Migration von genau dem Ausmaß, das den 99 %-Risikofall darstellt. Dazu wurde zwischen den Ertragserwartungen der den 99 %-Fall umschließenden Ratingstufen linear interpoliert. Tabelle 2.2 verdeutlicht die Vorgehensweise am Beispiel einer mit BBB eingestuften Anleihe: Die zweite Zeile zeigt die Wahrscheinlichkeiten einer Migration in die in der ersten Zeile angeführten Ratingstufen (wieder: fiktive aber plausible Werte). Die dritte Zeile enthält die kumulierten Wahrscheinlichkeiten und die vierte Zeile den P&L der nach Migration in eine jede Ratingstufe entstehen würde. In diesem Fall wird der 99 %-Fall von einer Migration in die Ratingstufen BB und B umschlossen, was jeweils zu einem P&L von −2,2 % bzw. −5,5 % führen würde. Eine lineare Interpolation zwischen den Werten ergibt den in Tab. 2.1 enthaltenen Risikowert von −3,0 %.

Ergänzt ist die Tab. 2.1 noch um einen Wert, der VaR 99 % * genannt sei. Denn wird Risiko als Abweichung von einem Erwartungswert definiert, muss aus Konsistenzgründen die Ertragserwartung noch von der als VaR 99 % bezeichneten Ertragserwartung im Risikofall abgezogen werden, um einen mit dieser Definition übereinstimmenden Wert vorliegen zu haben.

Tab. 2.2 Wahrscheinlichkeiten, Kumulierte Wahrscheinlichkeiten und P&Ls für die unterschiedlichen Migrationsszenarien. (Abgaben in %; eigene Darstellung und Berechnungen; fiktive aber plausible Beispielwerte)

Ableitung des Risikowertes einer BBB-Anleihe								
Ratingstufen	AAA	AA	A	BBB	BB	B	C	D
Wahrscheinlichkeiten	0,0	0,2	4,3	89,6	4,7	0,7	0,2	0,3
Kumulierte W.	0,0	0,2	4,5	94,1	98,8	99,6	99,7	100,0
P&L	4,5	3,7	2,7	1,3	−2,2	−5,5	−16,3	−59,5

Nebenbei bemerkt: Während die Risikowerte hier vergleichsweise moderat erscheinen, gilt es bei Unternehmensanleihen mit einem Rating der Kategorie „Speculative Grade" im 99 %-Risikofall einen „Default" ins Kalkül zu ziehen. So geht aus entsprechenden Migrationsmatrizen hervor, dass auf jeden Fall für Papiere mit einem Rating von BB und schlechter die Wahrscheinlichkeit eines Defaults größer als 1 % ist, was bei einer Systematik, wie sie hier gewählt wurde, dazu führt, dass als 99 %-Risikofall ein Default zu unterstellen ist. Eine Recovery Rate von 40 % herangezogen (bzw. alternativ ein Kurs von 40 % für ein Wertpapier in der Ratingstufe „Default" unterstellt), führt das zu einem Gesamtertrag von annähernd −60 %, was hier der „worst case" wäre[5]!

Zurück zu den Ergebnissen in Tab. 2.1:

Auffällig und bemerkenswert ist zunächst, dass die Ertragserwartungen (deutlich) über dem liegen, was man als einen risikofreien Zins bezeichnen würde (1jährige EUR-Swaps waren, als diese Berechnungen angestellt wurden, bei rund 0,20 %) und ja auch mit höherem Risiko tendenziell ansteigen. Von der anderen Seite kommend (Ausführungen dazu finden sich beispielsweise bei Hull 2012, S. 647 ff.) heißt das, dass ein aus Ausfallwahrscheinlichkeiten errechneter, theoretischer Spread i. d. R. deutlich unter am Markt gehandelten Spreads von z. B. Unternehmensanleihen liegt. (Diskutiert wird das Phänomen u. a. in Amato und Remolona 2003, S. 51 ff.)[6]

Eigentlich ist dies aber auch intuitiv klar: Es ist unrealistisch, eine ausreichende Diversifikation und eine ausreichend lange Investitionsperiode zu unterstellen, in der die theoretischen, aus Mittelwerten resultierenden Ausfallwahrscheinlichkeiten der Realität entsprechen müssen (außen vorgelassen, dass die Zukunft Spiegelbild der Vergangenheit sein muss). Aber auch so etwas unberücksichtigt gelassen brauchen Investoren schlichtweg eine Risikoprämie.

Zumal diese Risikoprämie auf keinen Fall „umsonst" ist. Denn was bis dato komplett außen vor gelassen wurde ist, dass die Preise von Unternehmensanleihen nicht nur von Bonitätsveränderungen bewegt werden, sondern auch von Veränderungen in der Markterwartung (Schwankungen im allgemeinen Zinsniveau ohnehin außen vor gelassen), für die Investoren Risikokapital bereithalten müssen.

[5] Wobei solche höheren Risikowerte auf keinen Fall von vornherein als negativ angesehen werden können, solange solchen höheren Risiken auch höhere Ertragserwartungen gegenüberstehen.

[6] Dabei kann man es nicht nur Risikomanagern sondern auch Assetmanagern nur empfehlen, diese Aussage nicht als „gegeben" anzusehen. Gerade in Phasen niedriger Renditen ist es immer wieder aufschlussreich, einen Blick auf die so berechneten Ertragserwartungen zu werfen, setzt man konkret erzielbare Renditen ein.

3 Credit Spread-Risiken

3.1 Notwendigkeit zur Berücksichtigung von Credit Spread-Risiken

Die sich 24 h am Tag, 7 Tage die Woche verändernden Markterwartungen, vor allem bezüglich der allgemeinen Konjunkturentwicklung und damit der Frage, ob die kommenden Jahre eher von über- oder unterdurchschnittlichen Ausfallwahrscheinlichkeiten geprägt sein werden, bewegen zumindest 5 Tage die Woche die Spreads von Unternehmensanleihen. Dieses auf und ab bezeichnet man als „Credit Spread-Risiko" oder kurz „Spreadrisiko", was konsequenterweise aufgrund der soeben beschriebenen Natur den Marktpreisrisiken zugerechnet wird. Und ignorieren, was „der Markt" gerade „denkt", können sich nur Investoren leisten, die nicht geleveragt sind. Sobald eine Hebelung des Eigenkapitals im Spiel ist, muss immer sichergestellt sein, dass auch durch zwischenzeitliche Kursverluste dieses nicht ausgelöscht wird.

> „Marktbezogene Risiken, die aus der Veränderung der Bonität einer Adresse resultieren (z. B. besondere Kursrisiken beziehungsweise potenzielle Änderungen von Bonitätsspreads) oder auf die Marktliquidität zurückzuführen sind, sind im Rahmen der Risikosteuerungs- und -controlling-prozesse in angemessener Weise zu berücksichtigen." (BaFin 2012, Erläuterungen zu BTR 2.1 Tz. 1)
>
> Darüber hinaus findet sich im „Leitfaden Aufsichtliche Beurteilung bankinterner Risikotragfähigkeitskonzepte" (BaFin 2011, Tz. 88) der Hinweis: „Für zinstragende Geschäfte im Depot A sind grundsätzlich auch Credit Spread Risiken zu berücksichtigen, wobei eine differenzierte Herangehensweise geboten ist".

M. Ramming, *Risiken von Unternehmensanleihen und ihre Quantifizierung*, essentials, DOI 10.1007/978-3-658-08017-4_3

Abb. 3.1 Vergleich der Entwicklung des Economic Sentiment Indicator der Europäischen Kommission für den Euroraum und der Entwicklung des iBoxx € Corporates Benchmark Spread. (eigene Darstellung; Datenquellen: Europäische Kommission; Markit Group Limited; iBoxx is a registered trade mark of Markit Indices Limited)

Dieses Spreadrisiko ist (natürlich) sehr hoch korreliert mit dem Aktienmarktrisiko. Oder, um die Ursache voranzustellen: Sowohl in Aktienkursen als auch in Credit Spreads spiegeln sich die Konjunkturprojektionen der Marktteilnehmer wider. Eine gesamtwirtschaftlich betrachtet positive Gewinnsituation geht mit nur geringen Unternehmenspleiten einher. Abbildung 3.1 verdeutlicht diesen Zusammenhang, indem die historische Entwicklung eines Konjunkturindikators, hier des Economic Sentiment Indicator der Europäischen Kommission für den Euroraum (invers angetragen) der Entwicklung von Credit Spreads gegenübergestellt ist. Abbildung 3.2 vergleicht dann den Aktienmarkttrend (invers angetragen) mit der Entwicklung von Credit Spreads. Hochs in der Konjunkturstimmung und an den Aktienmärkten gehen mit Tiefs bei den Credit Spreads einher und umgekehrt.

Dabei würde es sich für den Autor hier nur dann um Spreadrisiken im Sinne dieser Ausführungen und konsistent zum hier beschriebenen Gesamtkonzept handeln, wenn diese aus Bewegungen der Spreads von Unternehmensanleihen (bzw. eines Marktsegmentes, z. B. Unternehmensanleihen mit einem Rating von BBB) in „Gesamtheit" resultieren. In Anlehnung an die Begrifflichkeiten in der Portfolio- bzw. Kapitalmarkttheorie könnte man von „systematischen Spreadrisiken" sprechen, welche auch bei einem gut diversifizierten Unternehmensanleihe-Portfolio existent sind. Bewegungen in den Spreads einzelner Adressen, die dann das „un-

Abb. 3.2 Vergleich der Entwicklung des S&P 500 Index und der Entwicklung des iBoxx € Corporates Benchmark Spread. (eigene Darstellung; Datenquellen: Markit Group Limited; iBoxx is a registered trade mark of Markit Indices Limited. The S&P 500 index is proprietary to and is calculated, distributed and marketed by S&P Opco, LLC (a subsidiary of S&P Dow Jones Indices LLC), its affiliates and/or its licensors and has been licensed for use. S&P® and S&P 500®, among other famous marks, are registered trademarks of Standard & Poor's Financial Services LLC, and Dow Jones® is a registered trademark of Dow Jones Trademark Holdings LLC. © 2013 S&P Dow Jones Indices LLC, its affiliates and/or its licensors. All rights reserved.)

systematische Spreadrisiko" wären, wären dann bei entsprechender Signifikanz im Zweifelsfall den Bonitätsrisiken zuzuordnen, da „der Markt" hier eine Aktion der Ratingagenturen antizipiert oder für notwendig erachtet, es also zu einer Veränderung des „impliziten Ratings" kommt. Abweichungen des „impliziten Ratings" von den tatsächlichen Ratings würden im Rahmen der im letzten Absatz in Abschn. 3.3 beschriebenen Zuordnungsüberprüfung auffallen, deren Bedeutung damit schon an dieser Stelle hervorgehoben sei.

3.2 Korrelationen und Diversifikationseffekte

Apropos Korrelationen: Aufgrund der jüngeren Vergangenheit sind wir mit einem eher negativen Zusammenhang zwischen (risikofreien) Zinsen und Spreads (Stichwort „risk on-off") vertraut und neigen vor diesem Hintergrund dazu, hier ganz selbstverständlich risikovermindernde Diversifikationseffekte zu unterstellen. Auch lässt sich diesbezüglich eine klare Argumentationskette aufbauen:

Mit Hilfe von Wachstumsraten und Inflationsraten lassen sich Zinssätze ganz hervorragend modellieren; zwischen diesen beiden Parametern und Zinssätzen besteht ein positiver Zusammenhang (sehr gut dazu z. B. Bernanke 2010). Auf der anderen Seite wurde oben (Abschn. 3.1) bereits herausgestellt, dass positive Wachstumsraten im Regelfall mit niedrigen Spreads einhergehen und vice versa, weil es ja ein negatives Konjunkturumfeld ist, das der typische Nährboden für Kreditereignisse ist. Dagegen halten könnte man jedoch, dass steigende Zinsen an irgend einem Punkt eine negative Auswirkung auf die Konjunktur haben können. Oder, insbesondere mit Blick auf die aktuelle Situation, in der die Spreads wohl deshalb am Boden liegen, weil „risikofrei" nichts zu bekommen ist, dass ein Anstieg der risikofreien Zinsen, insbesondere in Richtung von Niveaus, die wichtige institutionelle Investorengruppen dann als ausreichend hinsichtlich des Erfüllens ihrer Verpflichtungen ansehen, entsprechend auch die Nachfrage nach Spreadprodukten unterhöhlen könnte. Man könnte in Folge dessen also unterstellen, dass die Korrelation von Zinsen und Spreads abhängig vom Zinslevel ist. Dem wiederum kann man entgegenhalten, dass wichtige Notenbanken dann möglicherweise von einem Ausschleichenlassen ihrer monetären Unterstützung absehen würden, würde sich mit steigenden risikofreien Zinsen Stress bei riskanteren Assetklassen abzeichnen …

Stellt man eine diesbezügliche Korrelationsanalyse an, zeigt sich, dass ein Korrelationskoeffizient zwischen Zinssätzen und Spreads im Regelfall leicht negativ ist. Abbildung 3.3 zeigt die Entwicklung des 5 Jahres- und eines 1-Jahres Korrelationskoeffizienten der Jahresveränderungsraten von Bundesanleiherenditen und Credit Spreads. Im Durchschnitt lagen diese Korrelationskoeffizienten bei −0,28 bzw. -0,25. Allerdings fällt auch auf, dass man mit einer solchen Unterstellung immer wieder Probleme bekommen hätte. Denn es gab in der Vergangenheit auch immer wieder, fast schon regelmäßig Phasen, in denen sich die Veränderungsraten von bonitätsrisikofreien Zinssätzen und die Veränderungsraten von Credit Spreads in die gleiche Richtung entwickelten.

Nicht wenige Kreditinstitute wählen vor diesem Hintergrund die sichere Seite bei der Quantifizierung von (Marktpreis-) Risiken aus Unternehmensanleihen und addieren Spreadrisiken zu den Zinsänderungsrisiken (bezogen auf den kreditrisikofreien Zins). Nicht zuletzt auch deshalb, weil die Aufsicht folgendes verlangt: „Diversifikationseffekte müssen so konservativ geschätzt werden, dass sie auch in konjunkturellen Abschwungphasen sowie bei im Hinblick auf die Geschäfts- und Risikostruktur des Instituts ungünstigen Marktverhältnissen als ausreichend stabil angenommen werden können." (Bafin 2012, AT 4.1 Tz.6 Satz 3; vgl. auch die diesbezüglichen amtlichen Erläuterungen)

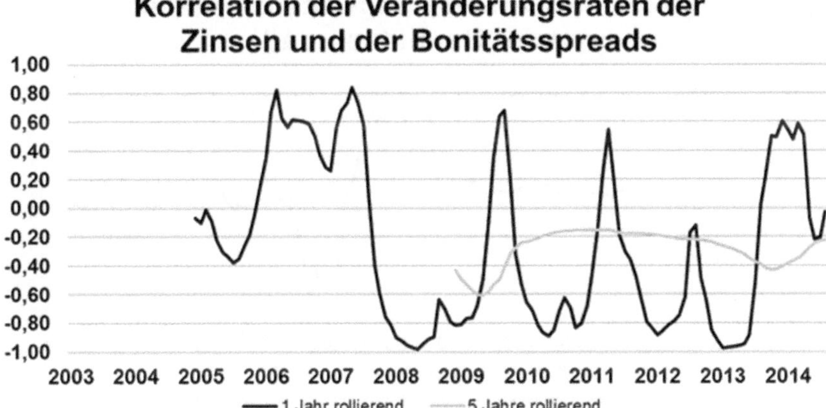

Abb. 3.3 5 Jahres- und 1 Jahres-Korrelation (Korrelationskoeffizient) der Jahresveränderungsraten der Renditen 3-5jähriger börsennotierter Bundeswertpapiere und der Jahresveränderungsraten des iBoxx € Corporates Benchmark Spread. (eigene Berechnung und Darstellung; Datenquellen: Deutsche Bundesbank; Markit Group Limited; iBoxx is a registered trade mark of Markit Indices Limited)

Die entscheidende Frage an dieser Stelle lautet aber eigentlich, wann es zu den Phasen hoher Korrelation kam? Oder genauer: Wie wahrscheinlich ist es, dass ein Risikoszenario bezüglich Spreads mit einem Risikoszenario der (risikofreien) Zinsen, des „allgemeinen Zinsniveaus“, zusammenfällt. Und eine solche Information liefert nicht wirklich der Korrelationskoeffizient, sondern ein Blick auf die „gemeinsame Verteilung“.

Eine einfache Möglichkeit, sich diese vor Augen zu halten ist es, die historische Entwicklung der 12-Monats-Veränderungsraten eines bonitätsrisikofreien Zinssatzes mit der 12-Monats-Veränderungsrate eines Credit Spreads zu vergleichen. Abbildung 3.4 zeigt diesen Vergleich für die Veränderungsraten der Renditen 3–5jähriger Bundesanleihen und der des iBoxx € Corporates Benchmark Spread[1]. Oder man trägt in einem zweidimensionalen Koordinatensystem Punkte ein, bei denen jeweils der x-Wert die 12-Monats-Veränderungsrate des bonitätsrisikofreien Zinssatzes repräsentiert und der y-Wert der 12-Monats-Veränderungsrate des Credit Spreads zum gleichen Zeitpunkt entspricht. Macht man dies mit Daten seit dem Jahrtausendwechsel oder der letzten rund zehn Jahre, zeigt sich, dass Phasen besonders hoher positiver Spreadausweitungen nie mit Zinssteigerungsphasen zusammenfielen, die man als Risikoszenario bezeichnen könnte.

[1] iBoxx is a registered trade mark of Markit Indices Limited.

Abb. 3.4 Vergleich der Entwicklung der Jahresveränderungsraten der Renditen 3–5jähriger börsennotierter Bundeswertpapiere und der Jahresveränderungsrate des iBoxx € Corporates Benchmark Spread. (eigene Berechnungen und Darstellung; Datenquellen: Deutsche Bundesbank; Markit Group Limited; iBoxx is a registered trade mark of Markit Indices Limited)

Festhalten lässt sich danach, dass derjenige, der Zinsänderungsrisiko und Spreadrisiko addiert, auf der risikoaversen Seite irrt. Das ist aber auch nicht ganz unproblematisch. Unterstellt, dass Risikokapital eine limitierende Wirkung hat, resultieren daraus Mindererträge. Ferner kann es zu Fehlallokationen führen, wenn die Risiken einer Anlageklasse überschätzt werden.

Eine elegante Alternative, die Marktpreisrisiken von Unternehmensanleihen zu quantifizieren, die ohne „künstliche" Korrelationsunterstellung, etc. auskommt ist, sich bei der Risikomessung auf Renditen passender Unternehmensanleihen(-indices) zu beziehen. Credit Spread und bonitätsrisikofreier Zins werden also gar nicht erst getrennt. Mehr dazu unten.

3.3 Quantifizieren von Credit Spread-Risiken

Zurück erst noch einmal zum Spreadrisiko und dessen Messung. Zunächst einmal gilt es, sich verfügbare und geeignete Datenhistorien zu beschaffen. Klassische Anlaufstellen für Investoren sind hier die Anbieter von Marktdateninformationssystemen oder aber die Indexanbieter direkt. Die Abb. 3.5 und 3.6 zeigen solche Historien. Abbildung 3.5 enthält die Entwicklung von Credit Spreads von Unternehmensanleihen unterschiedlicher Bonitäten. Abbildung 3.6 zeigt dann Beispiele für Spreadentwicklungen in unterschiedlichen Sub-Anlageklassen: Einerseits die

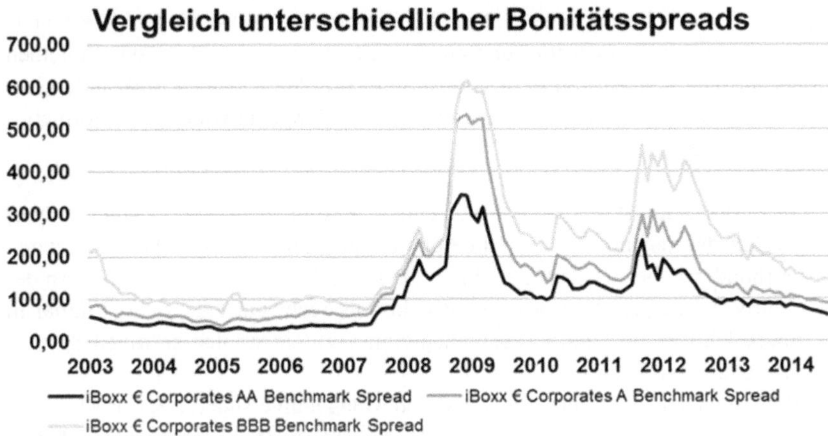

Abb. 3.5 iBoxx € Corporates AA Benchmark Spread, iBoxx € Corporates A Benchmark Spread, iBoxx € Corporates BBB Benchmark Spread. (eigene Darstellung; Datenquelle: Markit Group Limited; iBoxx is a registered trade mark of Markit Indices Limited)

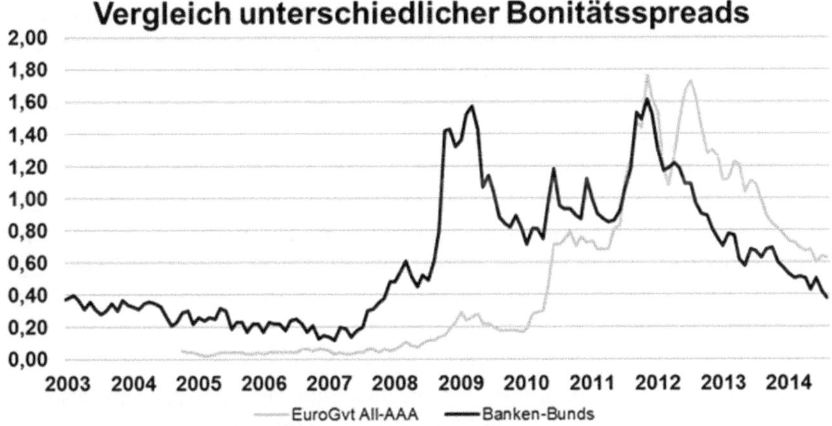

Abb. 3.6 Mehrrendite 4–5jähriger IHS deutscher Banken über 3–5jährigen börsennotierten Bundeswertpapieren und Mehrrendite 10jähriger Staatsanleihen des Euroraums aller Ratingkategorien über 10jährigen Staatsanleihen des Euroraums mit Rating AAA. (eigene Berechnungen und Darstellung; Datenquellen: Deutsche Bundesbank, Eurostat)

Mehrrendite von Bankanleihen über Bundesanleihen (Sub-Anlageklasse Unternehmensanleihen/Finanzwerte) und andererseits die von Euroland Staatsanleihen insgesamt über solchen mit dem Top-Rating (Sub-Anlageklasse Staatsanleihen). Schon aus diesen Grafiken lässt sich eine ganze Menge an wichtigen Informationen ableiten. Beispielsweise:

- Die Historie der letzten Jahre ist von einem „Extremevent" (Pleite von Lehman) geprägt, das man mit Blick auf die Entwicklungen in den 30er Jahren des letzten Jahrhunderts aber wiederum nicht als „einmalig" bezeichnen darf, sondern der intuitiven Interpretation des 99 %-Risikofalls recht gut entspricht: Einmal in einem Jahrhundert kann es eben auch einmal zu einer solch kräftigen Spreadausweitung kommen.
- Bleibt man bei einem sehr breit gefassten Anlageuniversum (z. B. Euro-Renten) oder innerhalb der gleichen Sub-Anlageklasse (z. B. Unternehmensanleihen oder Staatsanleihen), ist der Gleichlauf der Spreadveränderungen unterschiedlicher Ratingkategorien sehr hoch. Errechnete Korrelationskoeffizienten liegen hier im Bereich von 0,9.
- Zumindest hinsichtlich der Tendenz lässt sich das auch auf Spreadveränderungen unterschiedlicher Sub-Anlageklassen übertragen: Beispielsweise blieben die Spreadausweitungen von Unternehmensanleihen in 2008/2009 nicht ohne Auswirkung auf die Mehrrenditen von Euroland-Staatsanleihen mit schwächerer Bonität. Genauso strahlten dann extrem steigende Risikoprämien von Nicht-AAA-Staatsanleihen in 2011/2012 auf Unternehmensanleihen aus.
- Es besteht also ein positiver, in Teilbereichen fast schon linearer Zusammenhang zwischen Spreadlevels und Spreadrisiko.

Angesichts der in der Regel nur begrenzten Menge an historischen Daten (und Datenreihen, die irgendwann um den Jahrtausendwechsel beginnen, sind in diesem Zusammenhang als begrenzte Menge anzusehen) gilt es dann, wenn man aus diesen Zeitreihen Risikowerte ableitet, Kompromisse einzugehen (vgl. dazu z. B. Reitz 2011, S. 223 ff.):

- Wählt man nicht überlappende Jahresveränderungen, beispielsweise also die Veränderung eines Spreads vom 30.12.2013 gegenüber dem 30.12.2012, liegen bei einer erst vor zehn Jahren beginnenden Historie nur wenige Daten vor.
- Schiebt man das Zeitfenster durch die Historie, nimmt also nicht nur die Jahresveränderung vom 30.12., sondern auch die vom 2.1., vom 3.1., etc., wird die Annahme der Unabhängigkeit verletzt.
- Und wird beispielsweise die Monatsveränderungsrate mit der „Wurzel-t"-Methode skaliert, würde eine Normalverteilung unterstellt werden.

Tab. 3.1 Spreadrisiko von Unternehmensanleihen unterschiedlicher Bonitäten. (eigene Darstellung und Berechnungen; fiktive aber plausible Beispielwerte)

Spreadrisiken von Unternehmensanleihen			
Rating	Spreadrisiko (bp)	VaR 99 % (%)	VaR 99 %* (%)
AAA	200	−7,0	−7,4
AA	250	−8,5	−9,1
A	370	−12,2	−13,1
BBB	430	−13,7	−14,7

In Fällen wie diesen ist es aus der persönlichen Sicht des Autors regelmäßig das „kleinste Übel“, die Annahme der Unabhängigkeit zu verletzen.

Tabelle 3.1 enthält jetzt typische Spreadrisikowerte für Unternehmensanleihen unterschiedlicher Bonitäten, wie sie sich aus einer statistischen Analyse solcher Datenreihen ergeben könnten:

Angetragen ist als „Spreadrisiko“ zunächst der 99 % Quantilswert der Spreadveränderungen, ausgedrückt in Basispunkten (bp; 1/100 eines Prozentpunktes), über ein Jahr.

Die Spalte „VaR 99 %“ zeigt dann, zu welchem Verlust eine solche Bewegung nach einem Jahr Haltedauer geführt hätte. Analog zur Vorgehensweise im Abschn. 2.2 wurde dabei wieder ein Investment in eine Anleihe mit ursprünglicher Laufzeit von fünf Jahren unterstellt, die nach Schlagendwerden des Spreadrisikos entsprechend noch eine Restlaufzeit von vier Jahren hat. Gearbeitet wurde auch wieder, wie oben, mit einer flachen Zinsstrukturkurve.

„VaR 99 % *“ bezieht sich dann wieder auf die Risikodefinition als Abweichung vom Erwartungswert (Ausgangsrenditen, Unterstellungen, etc. wieder wie unter 2.2).

Bemerkenswert ist natürlich zuallererst, dass man sich hier in ganz anderen Dimensionen bewegt, als zuvor bei den Migrationsrisiken (zumal an dieser Stelle das Zinsänderungsrisiko bezogen auf das allgemeine Zinsniveau noch außen vor gelassen wurde). Das heißt natürlich, dass Spreadrisiken unbedingt zu berücksichtigen sind, soll das Risiko einer Anlage in Unternehmensanleihen sinnvoll quantifiziert werden. Dabei stimmt diese Aussage auch voll und ganz mit den Erfahrungen überein, die man in den Krisenzeiten der Jahre 2008/2009 machen musste:

Die tatsächlichen Ausfälle hielten sich in Grenzen – die Panik vor Ausfällen, die entsprechend auch in den Kursen zum Ausdruck kam, war aber immens.

Weiter gilt, dass die Auswirkung eines schlagend werdenden Spreadrisikos gerade bei Anleihen hoher Bonität vergleichsweise (i.e. in Relation zum Migrationsrisiko) massiv ist, was u. a. in deren höheren Zinssensitivität und geringeren Couponeinnahmen begründet liegt. Vice versa passt hier der „Spruch“: Ist der Ruf erst ruiniert, lebt's sich gänzlich ungeniert!

In Kombination mit der oben herausgearbeiteten hohen Korrelation zwischen den Spreads verschiedener Bonitäten bedeutet das, dass eine Zuordnung einzelner Titel zu unterschiedlichen Spreadrisikokategorien im Zweifelsfall grobkörniger geschehen kann. Konkret bedeutet das, dass es aus der Sicht des Autors durchaus ausreichend sein kann, die Bestandteile eines Portfolios auf die vier Ratingkategorien AAA, AA, A und BBB zu verteilen (Umfasst der Bestand auch Titel, die kein Investment-Grade-Rating haben, wären die Kategorien natürlich entsprechend zu erweitern.) und gegebenenfalls noch mit einer Laufzeitendimension zu arbeiten, d. h. zu unterscheiden, ob sich ein z. B. BBB-Papier im Laufzeitenband (z. B.) 1–3 Jahre oder 4–6 Jahre befindet. Gegebenenfalls und nicht zwingend deshalb, weil dies in der Praxis von den Laufzeitenunterschieden des Portfolios abhängt.

Wichtig ist auf jeden Fall ein Verifizieren der Zuordnung, woraus u. a. auch die Notwendigkeit einer Laufzeitendifferenzierung auffällig werden würde: Um sicherzustellen, dass eine Ratingkategorie auch repräsentativ für ein Wertpapier ist, sollte das Spreadlevel einer jeweiligen Anleihe mit dem Spreadlevel der Ratingkategorie, d. h. des diese repräsentierenden Index oder Basket, abgeglichen werden:

Dazu könnte der Wertpapierbestand nach dem individuellen Spreadlevel sortiert werden und diese Liste um die Spreads der ein Wertpapier repräsentierenden Ratingkategorie erweitert werden. Nicht plausible Zuordnungen fallen dann auf und können hinterfragt und korrigiert werden.

Alternativ könnte (etwas systematischer) so vorgegangen werden, dass zunächst Mittelwert und Standardabweichung der Spreads der sich im Bestand befindlichen Wertpapiere ermittelt werden, die einer bestimmten Ratingkategorie zugeordnet werden sollen. Der Mittelwert der eigenen Papiere sollte dann nicht zu weit vom Spreadlevel des Index bzw. Basket entfernt sein, von dem die genutzten Risikowerte abgeleitet sind. Ferner sollte dann zumindest bei Wertpapieren, deren Spreadlevel signifikant (evtl. definiert als Mittelwert zzgl./abzgl. einer Standardabweichung) vom Index- bzw. Basketspread abweichen hinterfragt werden, ob die Zuordnung sinnvoll ist oder geändert werden sollte.

3.4 Gemeinsame Betrachtung von Zinsänderungs- und Credit Spread-Risiken

Der soeben beschriebenen Vorgehensweise, die Risiken aus Veränderungen des risikofreien Zinssatzes (allgemeinen Zinsniveaus) und der Credit Spreads zunächst isoliert zu betrachten, werden manchmal einige offensichtlichen Vorzüge zugesprochen. Beispielsweise, dass so die Zinsänderungsrisiken aus Unternehmensanleihen konsistent mit allen anderen Zinsänderungsrisiken quantifiziert werden oder dass man so eine sehr gute Möglichkeit hat, unterschiedliche Erfolgsquellen und Risiken zu vergleichen. Darauf wird weiter unten noch einmal zurückgekommen. Der große Nachteil dieser Vorgehensweise ist, dass man so offensichtliche Diversifikationseffekte außen vor lässt und entsprechend sehr hohe, streng genommen überhöhte Risikowerte erhält. Wie oben bereits ausgeführt könnte das wiederum dazu führen, dass Unternehmensanleihen bzw. Spreadprodukte in einer Asset-Allocation nicht das Gewicht erhalten, das sie bei Berücksichtigung (möglicherweise) korrekterer Input-Parameter erhalten würden, was zu einer Fehlallokation, d. h. zu Ineffizienzen führt.

Damit zu dem bereits in Abschn. 3.2 avisierten Blick auf Risikowerte (wiederum 99 % Konfidenzniveau; 1 Jahr Haltedauer), die aus den Renditeveränderungen von Unternehmensanleihen ermittelt wurden, die also Zinsänderungs- und Spreadrisiken umfassen:

Plausible Beispielwerte wären in Fortführung der oben beschriebenen Systematik 150 bp für AAA, 160 bp für AA, 250 bp für A und 310 bp für BBB. Damit liegen diese Werte sogar unter den Risikowerten, die oben für Credit-Spreads alleine ermittelt wurden (Diversifikationseffekte zwischen dem Zinsänderungsrisiko und dem Spreadrisiko existieren also auf jeden Fall und sind hier implizit berücksichtigt). Auffällig ist daneben, dass die Risikowerte für gute Bonitäten nicht zu weit über den z. B. 125 bp liegen, die sich analog ermittelt für das Zinsänderungsrisiko einer Bundesanleihe mittlerer Laufzeit ergeben würden.

Deutlich wird dann aber auch hier, dass die Berücksichtigung eines Spreadrisikos umso wichtiger wird, je geringer die Bonität wird. Das wird auch noch einmal aus Tab. 3.2 deutlich, die identisch zu Tab. 3.1 aufgebaut ist, nur eben für das kombinierte Zinsänderungs- und Spreadrisiko. Enthalten sind zunächst das Risiko in bp, dann VaR 99 % und VaR 99*.

Worauf es hier an dieser Stelle dann auf jeden Fall hinzuweisen gilt ist, dass eine wie in diesem Fall um den Jahrtausendwechsel beginnende Datenreihe „Extremphasen“ in Bezug auf Credit Spreads, auf keinen Fall aber in Bezug auf Ver-

Tab. 3.2 Kombiniertes Zinsänderungs- und Spreadrisiko von Unternehmensanleihen unterschiedlicher Bonitäten. (eigene Darstellung und Berechnungen; fiktive aber plausible Beispielwerte)

Zinsänderungs- u. Spreadrisiken von Unternehmensanleihen			
Rating	Risiko in bp	VaR 99 % (%)	VaR 99 %* (%)
AAA	150	−5,2	−5,6
AA	160	−5,3	−5,9
A	250	−8,2	−9,0
BBB	310	−9,8	−10,8

änderungen des allgemeinen Zinsniveaus beinhaltet. Hier konnten vor allem in den 1970er und 1980er Jahren ganz andere Levels und absolute Veränderungsraten beobachtet werden. Die Thematik sei an dieser Stelle aber nicht weiter vertieft, handelt es sich hierbei nicht um eine spezielle Problematik von Unternehmensanleihen bzw. Spreadprodukten, sondern von Zinsrisiken ganz allgemein, über die es sich gesondert Gedanken zu machen gilt. Nur so viel dazu: Beispielsweise auf der Website der Federal Reserve Bank of St. Louis[2] oder der Deutschen Bundesbank[3] gibt es einige sehr lange Datenhistorien, anhand derer man sich dies vor Augen halten kann, die man als Basis für die Ermittlung von Risikowerten für Zinsänderungsrisiken nutzen kann und an denen man sich beispielsweise für Stresstests orientieren kann, die man auch durchführt, um seine Risikowerte zu plausibilisieren und zu validieren. Das sei insbesondere Investoren aus der Eurozone empfohlen, deren Risikowerte (was aus Sicht des Autors natürlich aber durchaus nachvollziehbar ist) oft „nur" aus Zeitreihen stammen, die mit der Einführung des Euro beginnen.

Wie oben angekündigt noch einmal zu der Frage, wie es möglich ist, Zinsänderungsrisiken durchgängig zu betrachten und Risiko- und Ertragswerte vergleichen zu können? Indem man genauso wie auf der Ertragsseite vorgeht: Spreadrisiken sind dann die Zinsänderungsrisiken, die Papiere einer Ratingkategorie mehr haben, als beispielsweise Bundesanleihen. Wenn wir einen Risikowert für BBB-Papiere von 310 bp und einen Risikowert für Bundesanleihen von 125 bp ermittelt haben, wären 125 bp das Zinsänderungsrisiko[4] und 185 bp (310–125 bp) das Credit Spread-Risiko.

Stellt sich an dieser Stelle noch abschließend die Frage, ob man auf die Berücksichtigung eines Migrationsrisikos bzw. Kreditrisikos im Allgemeinen verzichten kann, wenn man ein Spreadrisiko berücksichtigt? Nach Überzeugung des Autors nicht – oder anders, nur dann, wenn man ähnlich wie das bei Anleiheindizes, beispielsweise Unternehmensanleiheindizes passiert (auf denen ja die Spreadrisikomessung i.d. R. aufsetzt), einen Prozess vorhält, durch den sichergestellt ist, dass ein Wertpapier (z. B. zum Monatsende und ohne wenn und aber) verkauft wird, fällt dessen Rating unter ein bestimmtes Minimum (i. d. R. Investment-Grade).

---

[2] http://research.stlouisfed.org/.

[3] http://www.bundesbank.de/.

[4] Dieser Wert kann dann problemlos durch einen höheren Wert ersetzt werden, um auch Risikoszenarien der (bonitätsrisikofreien) Zinsentwicklung widerzuspiegeln. Gerne werden hier zumindest 200 bp genutzt, nicht zuletzt deshalb, weil die Bundesanstalt für Finanzdienstleistungsaufsicht in ihrem „Rundschreiben 11/2011 (BA) – Zinsänderungsrisiken im Anlagebuch" eine plötzliche und unerwartete Zinsänderung mit eben diesen 200 bp bemisst.

Die „Anderen" 4

Der Vollständigkeit wegen sei an dieser Stelle noch darauf hingewiesen, dass es auch noch andere Dinge im Zusammenhang mit Unternehmensanleihen gibt, die bis dato noch nicht Gegenstand dieses Essentials waren – die im Normalfall aber keine wirkliche Rolle spielen oder implizit berücksichtigt sind.

Manchmal erhalten andere Risikoarten dann aber doch Relevanz und die Erinnerungen an die „Finanzmarktkrise" sind noch zu frisch, als diese Überlegungen als pure Theorie abzutun.

Wichtig aus Sicht des Autors ist es, die folgenden Risiken, die alles andere, als eine abschließende, vollumfängliche Zusammenstellung darstellen, als Beispiele dafür zu nehmen, ein eigenes Portfolio hinsichtlich Besonderheiten zu überprüfen, die es dann gegebenenfalls individuell zu berücksichtigen gilt.

4.1 Liquiditätsrisiken

Der Begriff Liquiditätsrisiko ist vielschichtig; hier soll es um das „Marktliquiditätsrisiko" gehen, d. h. die Gefahr, dass man ein Wertpapier, das man verkaufen will, zu dem eigentlich beobachteten Preis nicht oder nicht vollumfänglich verkaufen kann (Hull 2012, S. 988 definiert Liquiditätsrisiko als „Risiko, dass man ein bestimmtes Instrument nicht zu dessen theoretischen Wert verkaufen kann."). So gilt sich es auf jeden Fall vor Augen zu halten, dass die Liquidität von Spreadprodukten (mit sehr hoher Wahrscheinlichkeit) immer geringer sein sollte, als die Liquidität von Bundesanleihen oder US-Treasuries und dass deren Liquiditätsnachteil typischerweise mit größer werdenden Stress an den Finanzmärkten und damit

M. Ramming, *Risiken von Unternehmensanleihen und ihre Quantifizierung*, essentials, DOI 10.1007/978-3-658-08017-4_4

einem sich sukzessive einstellenden Risikofall bezüglich Credit-Spread-Risiken und oder schlechterer Bonität sukzessive größer wird.

Auch wenn das aufgrund einer nicht konstanten Geld-Brief-Spanne und nicht konstanten Geld-Brief-Volumina nicht 100 % korrekt ist, wäre es aus Sicht des Autors akzeptabel zu behaupten, dass diesem Risiko über das Credit-Spread-Risiko ausreichend Rechnung getragen wird. Voraussetzung dafür ist das Bewusstsein bezüglich dieses Modellrisikos und vor allem eine vorangegangene Überprüfung, ob die Liqudität des individuell relevanten Portfolios weitestgehend der des „Index"-Portfolios entspricht, aus dem die Spreadrisikowerte abgeleitet sind. Anderenfalls wäre über einen Liquiditätsrisikoaufschlag nachzudenken, dem hoffentlich ja auch eine Liquiditätsrisikoprämie auf der Einnahmeseite gegenübersteht.

4.2 Länderrisiken

Die Finanzmarktkrise hat gezeigt, dass beispielsweise die Titel eines AA gerateten Finanzinstituts aus Spanien eine andere Spreadentwicklung aufweisen, als die eines seitens der Ratingagenturen identisch beurteilten Instituts aus Deutschland. Definiert man Länderrisiko als das Risiko, in einem bestimmten Land Geschäfte zu machen[1], könnte man dieses Risiko als Länderrisiko bezeichnen.

Deutlich macht dies auch, dass ein Rating alleine ein Spreadlevel nicht vollständig erklären kann. Zunächst bedeutet das hinsichtlich des in Abschn. 3.3 beschriebenen Zuordnungs- bzw. Überprüfungsprozesses für Spreadrisikokategorien, dass hier etwas Luft eingebaut sein muss, um diese Heterogenität zu berücksichtigen. Der Autor hat in diesem Zusammenhang immer sehr gute Erfahrung mit der oben bereits beschriebenen Vorgehensweise gemacht, hier mit Standardabweichungen zu arbeiten. Dann heißt das aber auch, dass systematische Besonderheiten im Rahmen dieses Überprüfungsprozesses auffallen müssen, Papiere oder Portfolioteile dann ggf. gemäß ihren impliziten Ratings zugeordnet werden müssen oder neue Spreadrisikodimensionen (jenseits von Rating und Laufzeit also) eingeführt werden müssen. Dann gilt, dass Länderrisiken ausreichend über Credit-Spread-Risiken Berücksichtigung gefunden haben.

Unabhängig von einer solchen quantitativen Analyse erscheint es aber analog zum Umgang mit Liquiditätsrisiken wichtig zu prüfen, ob das im Fokus stehende Portfolio hinsichtlich der Länderallokation eine deutliche Abweichung von einem Indexportfolio hat und sich so etwas bewusst zu machen.

[1] „A bank that undertakes operations outside ist home country will be expposed to this, the risk of a crisis or other market event in a country" (Choudhry 2012, S. 44)

5 Fazit

Die Antwort auf die eingangs gestellte Frage, welche Risiken aus einem Investment in Unternehmensanleihen resultieren, lautet also im Grundsatz Migrationsrisiken und Marktpreisrisiken; letztere sind mindestens genauso wichtig wie erstere.

Stellt sich angesichts der zweistelligen Risikowerte für Titel ab (von oben nach unten betrachtet) einem Rating von BBB natürlich die Frage, ob diese nicht etwas überhöht sind?

Hier gibt es einige Möglichkeiten, solche Werte auf Plausibilität zu prüfen: Es gibt in Deutschland und vor allem auch in den Vereinigten Staaten einige Exchange Traded Funds (ETFs), die sich auf Indizes für Unternehmensanleihen wie den Markit iBoxx EUR Liquid Corporates Large Cap[1] beziehen, d. h. in ein recht breites Portfolio von Investment-Grade-Unternehmensanleihen investieren. Für diese gibt es oft schon eine sehr lange Kursdatenhistorie. Und in deren Kursentwicklung (bereinigt um Ausschüttungen) müssen sich ja alle oben beschriebenen Risiken widerspiegeln. Gleiches gilt natürlich, wenn man sich direkt die Historien der Unternehmensanleiheindizes betrachtet, die die ETFs replizieren.

Der Autor hat auf Basis solcher Kurshistorien einige Risikowerte berechnet, die gezeigt haben, dass die oben ermittelten Levels passen sollten bzw. definitiv nicht zu hoch angesetzt sind! Und nebenbei: Natürlich gab es in dieser Phase die „Finanzmarktkrise" zu verarbeiten – letztendlich war der gesamte Zeitraum aber ein „Bull-Markt" für Renten und Unternehmensanleihen.

---

[1] iBoxx is a registered trade mark of Markit Indices Limited.

M. Ramming, *Risiken von Unternehmensanleihen und ihre Quantifizierung*, essentials, DOI 10.1007/978-3-658-08017-4_5

Was Sie aus diesem Essential mitnehmen können

- Migrationsrisiken und von Spreadrisiken dominierte Marktpreisrisiken gilt es bei einem Investment in Unternehmensanleihen zu berücksichtigen.
- Spreadrisiken sind hoch korrelier mit Aktienkursrisiken
- Eine elegante Möglichkeit, Diversifikationseffekte zwischen Zinsänderungsrisiken und Spreadrisiken zu berücksichtigen ist, Renditeschwankungen zu beobachten.
- Spreadrisiken sind in der Regel merklich größer, als Migrationsrisiken.

M. Ramming, *Risiken von Unternehmensanleihen und ihre Quantifizierung*, essentials, DOI 10.1007/978-3-658-08017-4

Literaturverzeichnis / „Zum Weiterlesen"

Amato, Jeffery D., und Eli M. Remolona. 2003. The credit spread puzzle. In: Bank for International Settlements, BIS Quarterly Review, December 2003, S 51 ff. http://www.bis.org/publ/qtrpdf/r_qt0312.pdf. Zugegriffen: 16. Nov. 2014.

BaFin, Hrsg. 2009. Bundesanstalt für Finanzdienstleistungsaufsicht, Rundschreiben 3/2009 – Aufsichtsrechtliche Mindestanforderungen an das Risikomanagement (MaRisk VA). http://www.bafin.de/SharedDocs/Downloads/DE/Rundschreiben/dl_rs_0903_als_pdf_va.html?nn=2818068. Zugegriffen: 16. Nov. 2014.

BaFin, Hrsg. 2011. Bundesanstalt für Finanzdienstleistungsaufsicht, Leitfaden – Aufsichtliche Beurteilung bankinterner Risikotragfähigkeitskonzepte vom 12. Dezember 2011. http://www.bafin.de/SharedDocs/Downloads/DE/Leitfaden/BA/lf_111212_risikotragfaehigkeit.html. Zugegriffen: 16. Nov. 2014.

BaFin, Hrsg. 2012. Bundesanstalt für Finanzdienstleistungsaufsicht, Rundschreiben 10/2012 (BA) – Mindestanforderungen an das Risikomanagement – MaRisk vom 14.12.2012. http://www.bafin.de/SharedDocs/Veroeffentlichungen/DE/Rundschreiben/rs_1210_marisk_ba.html. Zugegriffen: 16. Nov. 2014.

Bernanke, Ben S. 2010. Speech at the annual meeting of the American Economic Association, Atlanta, Georgia January 3, 2010. http://www.federalreserve.gov/newsevents/speech/bernanke20100103a.htm. Zugegriffen: 16. Nov. 2014.

Choudhry, Moorad. 2012. The principles of banking. Singapore: Wiley.

Hull, John C. 2012. Optionen, Futures und andere Derivate. 8. Aufl. München: Pearson.

Ramaswamy, Srichander. 2012. Modeling portfolio credit risk. In *Encyclopedia of financial models I,* Hrsg. Frank J. Fabozzi. Hoboken: Wiley.

Reitz, Stefan. 2011. *Mathematik in der modernen Finanzwelt.* 1. Aufl. Wiesbaden: Springer.

SolvV-alt. 2006. Verordnung über die angemessene Eigenmittelausstattung von Instituten, Institutsgruppen, Finanzholding-Gruppen und gemischten Finanzholding-Gruppen (Solvabilitätsverordnung – SolvV) in der bis incl. 31.12.2013 gültigen Fassung.

M. Ramming, *Risiken von Unternehmensanleihen und ihre Quantifizierung,* essentials, DOI 10.1007/978-3-658-08017-4